Pfälzer

Gina Greifenstein

TAPAS

EDITION-TZ.DE

Fotos: David Hall, Nidderau
Layout & Druck: TZ-Verlag & Print GmbH, 64380 Roßdorf

EDITION-TZ.DE
Tel. 06154 / 81125
E-Mail: service@tz-verlag.de
www.edition-tz.de

ISBN 978-3-96031-038-9

Inhalt

Inhalt

Vorwort

Im Spanischen bedeutet Tapas Deckel oder Abdeckung: Die Tapas wurden auf Sherry- oder Weingläser gelegt, um zu verhindern, dass die allgegenwärtigen Fliegen hineinfallen. Beschwert wurde so eine Scheibe Weißbrot mit etwas Schinken, Käse oder mit Oliven. In dieser unkomplizierten Form waren die Tapas lange eine kostenlose Beigabe zum Getränk. Dann aber wurden die Brotscheiben immer aufwendiger belegt, entwickelten sich zu eigenständigen Gerichten und schufen eine eigene Ess- und Ausgehkultur: Wenn es abends kühl geworden ist, trifft man sich mit Freunden und zieht von Bar zu Bar. Im Stehen trinkt man einen Schluck Wein und isst dazu als Kleinigkeit die eine oder andere Tapa, denn man möchte ja noch vier bis fünf weitere Bars besuchen.
Kein Wunder, dass diese Tapa-Kultur, die so leichthändig Genuss und Geselligkeit verbindet, mühelos den Sprung auch in nördlichere Regionen geschafft hat und besonders in Weinbaugegenden begeistert aufgegriffen und abgewandelt wurde.

Für den besonderen Reiz der Tapas gibt es mehrere Gründe: In unseren Augen sind dies erstens das Kleine und Verspielte. Es ist zweitens der Witz der Serie, genauer: derjenige der seriellen Präsentation. Weiterhin besteht ihr Charme in der regionalen Abwandlung und dies alles zusammen bedeutet Genuss ohne Ende.

Das Kleine und Verspielte

Drei Minifrikadellen machen einfach mehr Spaß als eine große Bulette. Hinzu kommt, dass es inzwischen im Handel geradezu puppenstubenhaftes Geschirr gibt, das die Winzigkeit der Häppchen betont: Kleine Tapasteller, quadratisch, länglich, oval, Schieferplatten in verschiedenen Formen, Suppenterrinen in Miniaturform für all die Salsas, Pestos, Dips, Saucen und und und!

Der Witz der Serie

Nichts gegen eine normale Portion Flammkuchen, serviert auf einem riesigen Holzbrett! Aber eine Reihe von Mini-Flammkuchen auf je einer quadratischen Schieferplatte sehen einfach – mal ganz abgesehen von den wechselnden Belägen, die damit möglich sind – witziger aus! Ähnlich ist es mit einem Lachstatar, das in einem Miniweckglas serviert wird. Und wer sich schon einmal an einem Tapas-Büffet bedient hat, weiß, wie unendlich reizvoll der Anblick von reihenweise aufgebauten kleinen Gläsern ist.

Der Charme der regionalen Abwandlung

Der Charme der regionalen Abwandlung: Wer hätte früher jemals einen Camembert und eine schwarze Olive zusammengebracht?!? Oder Saumagen als Carpaccio serviert? Jetzt aber ist man begeistert vom Spanischen Obatzter, von gebratenem Saumagen mit scharfer Tomatensalsa. Man röstet wie wild Brotscheiben, um sie dann als Crostini oder Bruschetta mit den raffiniertesten Aufstrichen zu toppen! Zum Beispiel mit einem Feldsalat-Pesto. Nicht nur weil es schmeckt, sondern auch weil man Kreativität und Witz bewundert, mit denen klassische südliche Gerichte bodenständig variiert werden.

Der hohe Genussfaktor

Denn die Winzigkeit der Portionen ermöglicht es, drei und mehr Tapas zu probieren ohne gleich satt zu sein. Was den Genuss ebenfalls erhöht: Wein und Geselligkeit. Tapas isst man nicht jeden Tag, sondern wenn man Gäste hat oder selbst Gast ist. Und so wie man von den Tapas nur kleine Portionen probiert, könnte man sich dazu auch den Wein in kleinen Gläsern servieren lassen. Deshalb unser Tipp: Zu Tapas nur Achtel! Dann kann man auch mit den Weinen ein bisschen experimentieren, denn natürlich schmeckt nicht jeder zu allen Tapas gleich gut.

Wir haben uns darum bemüht, Ihnen den Umgang mit unseren Rezepten möglichst leicht zu machen. Entsprechend der jeweiligen Hauptzutat haben wir sie in sechs Kapitel eingeteilt: Tapas mit Käse, mit Fleisch & Wurst, mit Gemüse & Pilzen, mit Fisch, mit Brot & Co und die süße Tapas finden Sie unter Tapas mit Zucker. Die Verwendung weiterer wichtiger Zutaten lässt sich über das Register (S. 126) erschließen.
Praktisch: **Viele Tapas lassen sich gut vorbereiten oder sogar einfrieren.** Das haben wir auch jeweils bei den Rezepten vermerkt. Bei uns beiden sind zu Hause im TK-Schrank viele Crostini-Aufstriche und die Minifrikadellen immer vorrätig.
Ebenfalls praktisch: Viele Tapas lassen sich mühelos variieren. Diese Tipps stehen direkt unter den Rezepten.

Nun bleibt uns nur noch, Ihnen beim Ausprobieren viel Vergnügen zu wünschen!
Gina Greifenstein, Autorin, und Angelika Schulz-Parthu, Redaktion Kochen & Wein

Tapas

... mit Käse

Laugenstangen werden mit Münster überbacken. Für den mediterranen Touch sorgen Pinienkerne und Olivenöl.

Geschmolzener Münsterkäse

4 Portionen | gut vorzubereiten

2 Laugenstangen
150 g Münsterkäse
4 EL Pinienkerne
schwarzer Pfeffer aus der Mühle
3 EL Olivenöl
10 Schnittlauchhalme

Laugenstangen in 1,5 cm dicke Scheiben schneiden und diese in eine Auflaufform legen. Ofen auf 200°C vorheizen.
Münster in ca. 0,5 cm dicke Scheiben schneiden und diese so zuschneiden, dass sie ohne zu überlappen auf die Brotscheiben passen. Den Käse auf die Laugenstangenscheiben legen, Pinienkerne darauf verteilen und großzügig mit Pfeffer übermahlen. Jede Scheibe mit etwas Olivenöl beträufeln und in den Ofen (Gas Stufe 3, Umluft 180°C) schieben. Grillfunktion einschalten und etwa 10 Minuten übergrillen, bis der Käse zerlaufen ist. Schnittlauch verlesen, waschen und trocken schütteln. In 5 cm lange Stücke schneiden und dekorativ auf die Münsterbrote legen.

TIPP: Sie können den Käse auch in Scheiben schneiden und in kleine Auflaufformen legen. Pinienkerne darüber verteilen, mit schwarzem Pfeffer übermahlen, Olivenöl darüber träufeln und bei 200°C (Gas Stufe 3, Umluft 180°C) im Backofen schmelzen lassen. Nach dem Backen mit Weißbrot direkt aus der Form tunken.

Schnell zusammengerührt: Zweimal Quark, verschieden gewürzt, als Tapas, Vorspeise oder auf dem Salatteller.

Weißer und Roter Käs

6 Portionen | schnell

Für den Weißen Käs:
500 g Magerquark
125 ml Sahne
1 mittelgroße Zwiebel
½ Bund Schnittlauch
½ Bund Petersilie
1 Kästchen Kresse
1 Knoblauchzehe
weißer Pfeffer, Salz (evtl. Kräutersalz)
4 große Möhren
4 Stangen Staudenselleri

Den Quark mit der Sahne in einer großen Schüssel glatt rühren.
Zwiebel schälen und fein hacken. Schnittlauch und Petersilie waschen, trocken schütteln und fein hacken. Die Hälfte der Kresse mit einer Schere abschneiden. Knoblauchzehe schälen und in die Schüssel pressen. Alles unter den Quark mischen und mit Pfeffer und Salz abschmecken. Quark in kleine Gläser oder Schälchen füllen und mit der restlichen Kresse dekorieren.
Möhren schälen, in ca. 8 cm lange Stücke schneiden und diese der Länge nach vierteln. Staudensellerie waschen, trocken tupfen und ebenfalls in 8 cm lange Stücke schneiden. Dazu servieren.

Für die pikante Variante, den Roten Käs:
500 g Quark
125 ml Sahne
1 rote Paprika
1 Knoblauchzehe
Salz, weißer Pfeffer, Paprikapulver, Chilipulver
Grissini = italienische Gebäckstangen

Den Quark mit der Sahne in einer großen Schüssel glatt rühren.
Paprika waschen, vierteln, Kerne entfernen und in kleine Würfel schneiden. 3 Esslöffel davon für die Dekoration beiseitestellen, die anderen Paprikawürfel zum Quark geben. Knoblauchzehe schälen und in die Schüssel pressen. Alles gut mischen und mit Salz, Pfeffer, Paprikapulver und Chilipulver kräftig abschmecken. In kleine Schalen oder Gläser füllen und die restlichen Paprikawürfel darauf verteilen. Grissini-Stangen dazu reichen.

TIPP: Beide Varianten taugen natürlich auch als Hauptgang. Ein paar Gequellte (= Pellkartoffeln) oder knusprig gebratene Bratkartoffeln dazu und es werden zwei Personen satt.

Champignonköpfe werden mit Ziegenfrischkäse gefüllt, mit frischem Thymian gewürzt und übergrillt.

Gefüllte Champignons

8 Portionen | gut vorzubereiten

1 TL Olivenöl
16 große Steinchampignons
Salz
400 g Ziegenfrischkäse
10–12 Zweige frischer Thymian
Pfeffer

Eine Auflaufform mit Olivenöl auspinseln. Ofen auf 200°C vorheizen.
Champignons mit einem Pinsel säubern. Stiele herausdrehen und fein hacken. Pilzköpfe mit der Wölbung nach unten in die Form setzen und leicht salzen.
Frischkäse in eine Schüssel geben. 6 Zweige Thymian abzupfen und mit den Pilzwürfeln und etwas Pfeffer unter den Frischkäse mischen. Die Masse mit einem kleinen Löffel großzügig in die Pilze füllen.
Im Ofen (Gas Stufe 3, Umluft 180°C) 15 Minuten backen. Dann die Grillfunktion einschalten und die Pilze 5 weitere Minuten übergrillen, bis der Käse leicht braun wird. Mit den restlichen Thymianzweigen dekorieren.

TIPP: Die gefüllten Champignons schmecken auch vom Grill!

Diese Tomaten-Mozzarella-Basilikum-Kombi schmeckt super, sieht toll aus und ist kein bisschen spießig, oder?

Tomaten-Mozzarella-Spieße

10 Spieße | gut vorzubereiten

Für die Spieße:
1 Packung Mini-Mozzarella-Kugeln
(150 g Abtropfgewicht – ca. 20 Kugeln)
20 Kirschtomaten
10 Spieße

Für das Basilikum-Dressing:
1 großer Topf Basilikum
1 Knoblauchzehe
100 ml Olivenöl
2 EL Balsamicoessig
50 ml Wasser
½ TL Zucker, Salz, Pfeffer

Mozzarella in einem Sieb gut abtropfen lassen. Tomaten waschen, eventuelles Grün entfernen und trocken tupfen. Je 2 Kirschtomaten und 2 Käsekugeln auf einen Spieß stecken, dabei mit den Tomaten beginnen.
Für das Pesto die Basilikumblätter kalt abbrausen und trocken schütteln. Die Blätter abzupfen (5 große für die Dekoration beiseitestellen) und in einen Pürierbecher geben. Die Knoblauchzehe schälen, grob hacken und zusammen mit dem Öl in den Becher geben. Mit dem Pürierstab pürieren. Für das Dressing den Essig und das Wasser unter das Pesto mischen und mit Zucker, Salz und Pfeffer abschmecken. Dressing auf 5 kleine Schälchen verteilen, ein bis zwei Spieße dazulegen und mit einem Basilikumblatt dekorieren.

TIPP: Restliches Dressing in einem Schraubglas im Kühlschrank aufbewahren. Schmeckt gut zu Feldsalat.

Milde Pfirsiche und würziger Schafskäse sind an sich schon ein wunderbares Duo. Außerdem sorgen Frühlingszwiebeln und Walnüsse für den Biss und noch mehr Geschmack.

Schafskäsesalat mit Pfirsichen

6 Portionen | gut vorzubereiten

200 g Schafskäse
2 reife Pfirsiche
2 Frühlingszwiebeln
3 EL gehackte Walnüsse

Für die Marinade:
1 reifer Pfirsich
1 Knoblauchzehe
1 EL weißer Balsamicoessig
3 EL Olivenöl
4 EL Wasser
1 Prise Zucker
Salz, Pfeffer
6 Walnusshälften für die Dekoration

Den Schafskäse in ca. 1 cm große Würfel schneiden. Alle Pfirsiche kurz mit heißem Wasser überbrühen und die Haut abziehen. 2 Früchte halbieren, Kern entfernen und das Fruchtfleisch in kleine Würfel schneiden. Frühlingszwiebeln waschen, trocken schütteln und in feine Ringe schneiden. Alles zusammen mit den gehackten Walnüssen in eine Schüssel geben.
Für die Marinade den letzten Pfirsich halbieren, Kern entfernen und pürieren. Mit den anderen Zutaten in ein leeres Marmeladenglas geben, Deckel zuschrauben und kräftig schütteln. Mit Salz und Pfeffer abschmecken, zu den Salatzutaten in die Schüssel geben und alles vermischen. Etwa 1 Stunde durchziehen lassen, dann in Gläser oder Schalen füllen und je eine halbe Walnuss daraufsetzen.

TIPP: Falsche Jahreszeit und es gibt keine frischen Pfirsiche? Dann kann man auch Pfirsiche aus der Dose verwenden!

Cremiger Ziegenkäse trifft auf salzig-scharfen Frühstücksspeck – einfach köstlich!

Ziegenkäse im Speckmantel

4 Portionen | gut vorzubereiten

1 TL Öl
1 Rolle Ziegenweichkäse (200 g)
16 Scheiben Frühstücksspeck
einige blaue Trauben

Ofen auf 200°C vorheizen. Die Auflaufform mit Öl auspinseln.
Den Ziegenkäse in 8 gleich dicke Scheiben schneiden. Eine Scheibe Frühstücksspeck auf die Arbeitsfläche legen und den Käse darin einwickeln. Mit einer zweiten Scheibe Speck quer dazu umwickeln. Diese Päckchen in eine Auflaufform legen und in den Ofen (Gas Stufe 3, Umluft 180°C) schieben. Grillfunktion einschalten und etwa 10 Minuten übergrillen, bis der Speck an den Kanten knusprig braun wird.
Die Trauben waschen, von den Rispen zupfen und halbieren. Dekorativ um den Käse anrichten.
Dazu passt frisch gerösteter Toast oder frisches Baguette.

TIPP: Diese Käsepäckchen kann man auch wunderbar zu einer Salatplatte reichen.

Pfirsiche mit pikanter Käsefüllung überbacken.

Gratinierte Weinbergpfirsiche

6 Portionen | gut vorzubereiten

3 große reife (Weinberg-) Pfirsiche
etwas Butter
50 g Gorgonzola
100 g Frischkäse
Pfeffer aus der Mühle

Die Pfirsiche mit kochendem Wasser überbrühen und die Haut abziehen. Die Früchte halbieren und die Kerne entfernen.
Den Backofen auf 200°C vorheizen. Eine Auflaufform leicht buttern.
Den Gorgonzola in einer Schüssel mit der Gabel zerdrücken, den Frischkäse dazugeben und mit Pfeffer übermahlen. Alles gut vermischen. Masse in einen Spritzbeutel mit großer Sterntülle füllen, in die Pfirsichhälften spritzen und diese in die Auflaufform setzen. Im Ofen (Gas Stufe 3, Umluft 180°C) 15 Minuten überbacken. Grillfunktion einschalten und 5 Minuten übergrillen, bis der Käse leicht bräunt.

TIPP: Schmeckt auch mit Ziegenfrischkäse statt Gorgonzola.

Musterbeispiel für Pfälzer Tapas: Mit Riesling angemachter Camembert, der in Bayern Obatzter heißt, wird mit schwarzen und grünen Oliven angerichtet.

Spanischer Obatzter

ca. 4 Portionen | gut vorzubereiten

250 g reifer Camembert
100 g Frischkäse
4 EL Riesling
40 g weiche Butter
1 ½ Zwiebeln
25 g eingelegte grüne Oliven (ohne Kern)
25 g eingelegte schwarze Oliven (ohne Kern)
Paprikapulver
Pumpernickel

Den Camembert mit einer Gabel zerdrücken und in eine flache Schüssel geben. Den Frischkäse und die Butter zugeben und mit der Gabel gut vermengen. Die Zwiebeln schälen. Eine ganze Zwiebel fein hacken, die andere für die Deko bis zur Hälfte in feine Ringe schneiden. Die Oliven gut abtropfen lassen und grob würfeln. Mit der gehackten Zwiebel und reichlich Paprikapulver unter den Käse mischen.

Mit einem Löffel Nocken abstechen und auf Probierlöffel oder Teller setzen. Die Zwiebelringe darauf verteilen und mit Paprikapulver bestreuen. Pumpernickel dazu reichen.

Handkäs mit Musik – wer kennt das nicht? Aber hier spielt eine ganz andere Musik – nämlich Dornfelder-Zwiebel-Musik.

Handkäs in Dornfelderzwiebeln

8 Portionen | gut vorzubereiten

8 kleine reife Handkäse
500 g Zwiebeln
4 EL Olivenöl
½ Bund Schnittlauch
200 ml Dornfelder
2 EL Balsamico
2 EL Honig
Salz, Pfeffer

Die Handkäse auspacken und in eine Auflaufform legen.
Die Zwiebeln schälen und in Ringe schneiden. Das Öl in einem Topf erhitzen und die Zwiebelringe darin braun anbraten. Den Schnittlauch waschen, trocken schütteln, fein hacken und mit anbraten. Mit dem Dornfelder ablöschen. Den Essig und den Honig zugeben. Mit Salz und Pfeffer und je nach Geschmack noch etwas Balsamico abschmecken. Zugedeckt etwa 10 Minuten köcheln lassen. Dann über den Handkäse gießen und über Nacht durchziehen lassen.
Auf kleinen Tellern anrichten. Dazu passt frisches Bauernbrot mit Butter.

Variante 1: Die Zwiebeln schmecken natürlich auch mit Riesling.
Variante 2: Statt der Zwiebeln kann man auch Schalotten nehmen. Sie werden geschält, größere Exemplare halbiert.

TIPP: Die Dornfelderzwiebeln passen auch wunderbar zu warmem Ziegenkäse.

Pfälzische Eier

4 Portionen | gut vorzubereiten

4 Eier
100 g Kräuterfrischkäse
2 TL Senf
½ Kästchen Kresse
Pfeffer
4 schöne Salatblätter

Die Eier am Vortag hart kochen. Am nächsten Tag die Eier schälen und der Länge nach halbieren. Das Eigelb herausnehmen, in eine kleine Schüssel geben und mit einer Gabel zerdrücken. Mit dem Frischkäse und dem Senf vermischen. Die Kresse zugeben und mit Salz und Pfeffer kräftig abschmecken. In einen Spritzbeutel mit kleiner Lochtülle füllen und in die Eier spritzen.
Die Salatblätter waschen und trocken schütteln und auf kleine Teller legen. Je 2 Eihälften daraufsetzen und mit Kresse dekorieren.

Variante: Verwenden Sie statt der Kresse 1 Esslöffel frisch gehacktes Basilikum.

TIPP: Zu viel Käsemasse? – Spritzen Sie den Rest auf Cracker oder Pumpernickel.

Gegrillter Schafskäse

4 Portionen | gut vorzubereiten

2 dicke Scheiben Schafskäse (à 200 g)
2–3 Tomaten
Salz
2 Knoblauchzehen
1 Zwiebel
16 Oliven
4 eingelegte Peperoni
4 frische Thymianzweige
schwarzer Pfeffer aus der Mühle
Olivenöl
frisches Basilikum

Den Backofen auf 200°C vorheizen. Die Schafkäsescheiben gut abtropfen lassen, dann quer halbieren und in größerem Abstand in eine Auflaufform setzen (oder jedes Stück für sich in eine Mini-Auflaufform). Die Tomaten waschen, abtrocknen und quer in Scheiben schneiden. Jeweils zwei Scheiben auf die Schafskäsestücke legen und leicht salzen. Die Knoblauchzehen schälen und in feine Scheiben schneiden. Die Zwiebel schälen, in feine Ringe schneiden und mit dem Knoblauch auf den Tomaten verteilen. Die Oliven abtropfen lassen und entweder im Ganzen oder in Scheibchen geschnitten auf dem Käse verteilen. Die Peperoni abtropfen lassen und je eine auf jede Käseportion legen. Den Thymian von den Zweigen streifen und darüberstreuen. Mit dem Pfeffer übermahlen und jede Portion mit 1–2 EL Olivenöl beträufeln. Im Ofen (Gas Stufe 3, Umluft 180°C) 15–20 Minuten backen. Vor dem Servieren mit Basilikumblättern dekorieren.
Dazu schmeckt frisches Baguette oder griechisches/türkisches Fladenbrot.

Tapas

... mit Fleisch & Wurst

Kastaniensuppe

7 Portionen | gut vorzubereiten

250 g gekochte, geschälte Esskastanien (gibt es fertig zu kaufen)
1 kleine Zwiebel
1 kleine Stange Lauch (oder mehrere Frühlingszwiebeln)
30 g Butter
1 TL Puderzucker
150 ml Weißwein
300 ml Gemüsebrühe
Salz, Pfeffer, etwas Muskat
100 ml Sahne
1 TL Öl
200 g Schinkenwürfel
150 g Schmand oder Crème fraîche

Die Kastanien grob hacken. Die Zwiebel schälen und würfeln. Beim Lauch die äußeren Blätter entfernen und die Stange der Länge nach halbieren. Sehr gründlich unter fließendem Wasser waschen, trocken schütteln und in Ringe schneiden. Die Butter in einem großen Topf erhitzen. Die Zwiebeln und die Kastanien zugeben und kurz anbraten. Den Lauch dazugeben und unter Rühren ein paar Minuten mitschmoren. Den Puderzucker darüberstäuben und leicht karamellisieren lassen. Mit dem Wein ablöschen und mit der Brühe aufgießen. Etwa 15 Minuten köcheln lassen. Die Suppe pürieren und mit Salz, Pfeffer und Muskat abschmecken.
Das Öl in einem kleinen Topf erhitzen und die Schinkenwürfel darin kross anbraten.
Die Suppe auf kleine Schälchen oder Kaffeetassen verteilen und auf jede einen Klecks Schmand setzen. Die gebratenen Schinkenwürfel auf den Schmand streuen.

Kreative Abwandlung des italienischen Carpaccios: Statt rohem Rinderfilet gibt's hier Saumagenscheiben mit Vinaigrette und gehobeltem Parmesan.

Saumagen Carpaccio

8–10 Portionen | gut vorzubereiten

500 g Saumagen

Für die Marinade:
100 ml Öl
1 Bund Petersilie
1 Knoblauchzehe
1–2 EL Essig
8 EL Wasser
½ TL Zucker, Salz, Pfeffer

Ansonsten:
50 g Parmesankäse am Stück

Den Saumagen mit der Brotschneidemaschine in sehr dünne Scheiben schneiden – oder am besten schon vom Metzger hauchdünn schneiden lassen – und je drei Scheiben auf kleine Teller legen. Für die Marinade das Öl in einen hohen Pürierbecher geben. Die Petersilie waschen, trocken schütteln und grob hacken. Die Knoblauchzehe schälen, klein schneiden und mit der Petersilie, dem Essig und dem Wasser zum Öl geben. Mit dem Pürierstab pürieren und mit Zucker, Salz und Pfeffer abschmecken.

Mit einem Esslöffel die Marinade auf dem Saumagen verteilen und etwa 2 Stunden durchziehen lassen.

Vor dem Servieren den Parmesankäse in grobe Späne hobeln und über die Teller streuen.

Da bekommt der gute, alte Saumagen doch richtig Pep: als Würfel gebraten mit einer frischen, scharfen Tomatensalsa!

Gebratene Saumagenwürfel mit scharfer Tomatensalsa

6 Portionen | gut vorzubereiten

Für die Salsa:
400 g reife Fleischtomaten
1 große Zwiebel
1 Knoblauchzehe
1 rote Peperoni
Saft von ½ Zitrone
2 EL weißer Balsamico
1 TL Zucker
Salz, Pfeffer, Chilipulver

Für die Saumagenwürfel:
3 EL Mehl
2 Scheiben Saumagen (ca. 2 cm dick)
2 EL Öl
Majoranzweige

Für die Salsa die Tomaten über Kreuz einschneiden und in kochendem Wasser kurz überbrühen. Die Haut abziehen, Tomaten halbieren, den Stielansatz herausschneiden und den wässrigen Fruchtanteil entfernen. Das Fruchtfleisch grob würfeln. Die Zwiebel und die Knoblauchzehe schälen und klein schneiden. Die Peperoni halbieren, Kerne entfernen und gründlich waschen. Klein schneiden und zusammen mit Tomate, Zwiebel und Knoblauch pürieren. Den Zitronensaft und den Balsamico zugeben und mit Zucker, Salz und Pfeffer pikant abschmecken. Wem es noch nicht scharf genug ist, kann noch mit Chilipulver nachwürzen.
Das Mehl in eine kleine Schüssel geben. Die Saumagenscheiben in gleichmäßig große Würfel schneiden und in dem Mehl wenden. Das Öl in einer Pfanne erhitzen und die Würfel von allen Seiten goldbraun anbraten. Je 3–4 Würfel in kleine Schalen setzen und je 1 Zahnstocher dazustecken.
Die Salsa separat in kleine Gläser oder Töpfchen verteilen und zu den Saumagenwürfeln servieren. Mit den Majoranzweigen dekorieren.

TIPP: Keine Zeit für die Salsa? Ein guter Senf passt natürlich auch als Dip dazu!
TIPP: Die Salsa eignet sich auch hervorragend als Dressing für Tomatensalat oder Tomaten-Mozzarella-Salat.

Fruchtig-süße Feigen in Kombination mit salzig-scharfem Speck.

Speckfeigen

6 Portionen | geht schnell

1 EL Öl
6 reife Feigen
24 Scheiben Frühstücksspeck

Eine Auflaufform mit dem Öl auspinseln.
Die Feigen waschen und trocken tupfen. Stiel abschneiden, Früchte vierteln und jedes Viertel mit je einer Scheibe Frühstücksspeck umwickeln. Mit einem Zahnstocher feststecken und in die Auflaufform setzen.
Ofen auf 220°C vorheizen (Gas Stufe 4, Umluft 200°C) und die Feigen ca. 10 Minuten backen, bis der Schinken knusprig wird.

Sie sehen aus wie jede andere Frikadelle auch, aber sie sind gefüllt – und das ganz schön raffiniert!

Mini-Frikadellen mit Feigensenf

5 Portionen | gut vorzubereiten

Für die Frikadellen:
250 g gemischtes Hackfleisch
1 Ei
1 kleine Zwiebel
2–3 EL Semmelmehl
Salz, Pfeffer, Paprikapulver
50 g Münsterkäse
ÖL zum Braten

Für den Feigensenf:
4 EL mittelscharfer Senf
1 TL flüssiger Honig
3 reife Feigen

Für die Frikadellen das Hackfleisch mit dem Ei in eine Schüssel geben. Die Zwiebel schälen, klein hacken und mit dem Semmelmehl dazugeben. Fleischteig gut durchkneten und kräftig abschmecken. Den Münsterkäse in ca. 1 cm große Würfel schneiden.
Mit einem Teelöffel walnussgroße Hackfleischportionen abstechen und in der Handfläche etwas flach drücken. Je 1 Käsewürfel darauflegen, mit dem Hackteig umschließen und kleine Frikadellen formen.
Das Öl in einer Pfanne erhitzen und die Frikadellen von allen Seiten knusprig braun braten.
Für den Feigensenf den Senf in eine kleine Schüssel geben und mit dem Honig glatt rühren. Die Feigen halbieren, mit einem Löffel das Fruchtfleisch herauskratzen und zum Senf geben. Mit einer Gabel gründlich vermischen.

TIPP: Wie wäre es mit griechischen Mini-Frikadellen? – Mit frischem Knoblauch und Gyrosgewürz im Fleischteig und einem kleinen Würfel Schafskäse als Füllung gar kein Problem!

Hackbraten einmal anders.

Hackfleisch-Pizza

4 Portionen | gut vorzubereiten

Für die Hackfleischmasse:
250 g gemischtes Hackfleisch
1 Zwiebel
1 Knoblauchzehe
2–3 EL Semmelmehl
Salz, Pfeffer, Paprikapulver
1 TL Oregano
Olivenöl zum Braten

Für den Belag:
3–4 Tomaten
Salz
3 Kugeln Mozzarella (à 125 g)
Olivenöl
Pizzagewürz
3 Zweige Basilikum

Das Hackfleisch in eine Schüssel geben. Die Zwiebel schälen, klein würfeln und dazugeben. Die Knoblauchzehe schälen und zum Hackfleisch pressen. Das Semmelmehl und die Gewürze zugeben, gut durchkneten und kräftig abschmecken. Fleischmasse halbieren und 2 Rollen von ca. 5 cm Durchmesser formen. Das Olivenöl in einer Pfanne erhitzen und die Hackrollen von allen Seiten knusprig braun anbraten. Aus der Pfanne nehmen und über Nacht im Kühlschrank ruhen lassen.
Am nächsten Tag den Backofen auf 200°C vorheizen. Die Hackfleischrollen in etwa 1,5 cm dicke Scheiben schneiden (ergibt ca. 12 Stück) und auf ein mit Backpapier ausgelegtes Backblech legen.
Tomaten waschen, abtrocknen und in 1 cm dicke Scheiben schneiden. Jeweils 1 Scheibe auf eine Hackfleischscheibe legen und leicht salzen. Den Mozzarella abtropfen lassen, ebenfalls in 1 cm dicke Scheiben schneiden und auf den Tomaten verteilen. Mit etwas Olivenöl beträufeln und den Oregano darüberstreuen. Im Ofen (Gas Stufe 3, Umluft 180°C) überbacken, bis der Käse geschmolzen ist.

TIPP: Schmeckt auch mit Gouda oder Münsterkäse!
TIPP: Natürlich lassen sich so auch übrig gebliebene Frikadellen „aufhübschen“.

Würzige Blutwurst, knusprig paniert und mit Perlzwiebelchen und Gurke serviert.

Panierte Blutwurst

ca. 6 Portionen | am besten warm

200 g Blutwurst am Stück (im Naturdarm)
4 EL Mehl
1 Ei
4 EL Semmelmehl
150 ml Öl zum Braten
3–4 Essiggurken
18 Perlzwiebeln
Pumpernickel

Die Blutwurst in 1 cm dicke Scheiben schneiden. Das Mehl in eine kleine Schüssel geben. Das Ei in einer kleinen Schüssel verquirlen. Das Semmelmehl in eine kleine Schüssel geben. Nun die Blutwurstscheiben zuerst in Mehl wenden, danach in dem Ei und zuletzt in Semmelmehl.
Öl in einem kleinen Topf erhitzen und die Wurstscheiben portionsweise darin von beiden Seiten goldbraun braten. Auf Küchenpapier etwas abtropfen lassen.
Die Essiggurken in Scheiben schneiden. Die panierten Wurstscheiben mit je 1 Perlzwiebel und 1 Gurkenscheibe auf eine Scheibe Pumpernickel spießen.

Bratwurstspießchen mit Senfdip

ca. 5 Portionen | heiß am besten

Für den Senfdip:
5 EL grober Senf
3 EL Mayonnaise

Für die Bratwurstspieße:
Öl zum Braten
2 Pfälzer Bratwürste
5 rote Weintrauben
5 weiße Weintrauben

Für den Dip den Senf und die Mayonnaise gut vermischen.
Das Öl in einer Pfanne erhitzen und die Bratwürste darin von allen Seiten knusprig braun braten. Jede Wurst in ca. 3 cm lange Stücke schneiden. Jedes Stück mit je einer roten und weißen gewaschenen Weintraube auf Spieße stecken. Den Senfdip dazu reichen.

Blutwurst und Pasta passen nicht zusammen? Und wie die zusammenpassen, ganz wunderbar sogar!

Blutwurst-Ravioli in Walnussbutter

ca. 8 Portionen | gut vorzubereiten

Für den Nudelteig:
200 g Mehl
1 Prise Salz
3 Eier
Mehl zum Ausrollen

Für die Füllung:
200 g Blutwurst
100 g Ricotta
1 Ei

Für die Walnussbutter:
125 g Butter
50 g grob gehackte Walnüsse
100 g grob geriebener Parmesankäse
Pfeffer aus der Mühle, Basilikumblätter

Für den Nudelteig das Mehl in eine große Schüssel geben. Das Salz und 2 Eier dazugeben und zu einem geschmeidigen Teig verkneten. In Klarsichtfolie wickeln und etwa eine halbe Stunde ruhen lassen. Das dritte Ei in einer Tasse verquirlen.
Für die Füllung die Blutwurst gegebenenfalls häuten und in sehr kleine Würfel schneiden. In einer Schüssel mit dem Ricotta und dem Ei vermischen.
Nun den Teig halbieren und die erste Hälfte auf einer bemehlten Arbeitsfläche sehr dünn und so viereckig wie möglich ausrollen. Mit einem Teigrädchen etwa 6 x 12 cm große Rechtecke schneiden. Mit einem Teelöffel Blutwurstmasse abstechen und jeweils als Häufchen auf eine Hälfte der Teigstücke setzen. Die Nudelränder mit dem verquirlten Ei bepinseln und die freie Teighälfte über die Blutwurstmasse klappen. Die Kanten gut zusammendrücken und die Ravioli auf ein bemehltes Blech legen. Die Nudeltaschen in reichlich Salzwasser 3–5 Minuten kochen.
Die Butter in einem kleinen Topf erhitzen und die Walnüsse kurz darin schwenken. Je drei Ravioli auf kleinen Tellern anrichten, mit 1 Esslöffel Walnussbutter übergießen und mit grob geriebenem Parmesan bestreuen. Pfeffer darüber mahlen und mit Basilikumblatt dekorieren.

TIPP: Zu viel Aufwand für die paar Ravioli? – Machen Sie doch gleich die doppelte Menge und frieren Sie die gegarten Teigtäschchen portionsweise ein!

Auch aus den berühmten Pfälzer „Fleeschknepp" (= Fleischklößchen) werden Tapas ...

Mini-Fleeschknepp in Meerrettichsoße

ca. 10 Portionen | gut vorzubereiten

Für die Knepp:
500 g gemischtes Hackfleisch
½ Bund Petersilie
1 Ei
4–5 EL Semmelmehl
Salz, Pfeffer, 1 Prise Muskat
1 l Fleisch- oder Gemüsebrühe

Für die Meerrettichsoße:
3 EL Butter
3 EL Mehl
400 ml Milch
3 EL Sahnemeerrettich aus dem Glas
Salz, Pfeffer

Für die Deko: 1 große Karotte

Für die Fleischklößchen das Hackfleisch in eine Schüssel geben. Die Petersilie waschen, gut trocken schütteln und fein hacken. Mit dem Ei, dem Semmelmehl, Salz, Pfeffer und Muskat in die Schüssel geben. Alles gut durchkneten und kräftig abschmecken. Mit einem Teelöffel Teigmasse abstechen und mit feuchten Händen kleine Kugeln formen.
Die Brühe in einem großen Topf zum Kochen bringen und die Klößchen darin 8–10 Minuten ziehen lassen, bis sie oben schwimmen. Mit einem Schaumlöffel herausnehmen und abtropfen lassen.
Für die Meerrettichsoße die Butter in einem mittelgroßen Topf schmelzen. Das Mehl zugeben und unter Rühren darin anschwitzen. Unter weiterem Rühren so viel Milch zugeben, bis eine sämige Soße entsteht. Den Meerrettich zugeben und mit Salz und Pfeffer abschmecken.
Für die Dekoration die Karotte schälen und in ca. 6 cm lange Stücke schneiden. Diese der Länge nach in dünne Scheiben und dieses wiederum in dünne Streifen schneiden.
Jeweils 3 oder 4 Klößchen in kleine Schalen geben und mit der Meerrettichsoße überziehen. Die Karottenstreifen darauf verteilen und heiß servieren.

TIPP: Übrig bleibt eine kräftige Brühe, die sich vielseitig verwenden lässt.

Bodenständige Bruschetta mit Pfälzer Leberwurst und dito Birnen.

Bruschetta mit Pfälzer Leberwurst

4 Portionen | gut vorzubereiten

200 g Pfälzer Leberwurst
1 EL Senf
1 kleine Zwiebel
2 reife Birnen
Saft von ½ Zitrone
Pfeffer oder Cayennepfeffer
3 Scheiben Bauernbrot
3–4 Zweige Petersilie

Die Leberwurst in eine flache Schüssel geben und mit einer Gabel den Senf untermischen. Die Zwiebel schälen und fein hacken.
Eine Birne schälen, vierteln, Kerngehäuse entfernen und in kleine Würfel schneiden. Die andere Birne halbieren. Die eine Hälfte mit Schale in schmale Spalten schneiden, mit Zitronensaft beträufeln und für die Deko beiseitestellen. Die andere Hälfte schälen und auch klein würfeln. Zusammen mit den Zwiebeln zu der Leberwurstmasse geben. Alles gut vermischen und mit Pfeffer oder Cayennepfeffer abschmecken.
Backofen auf Grillen einstellen. Die Brotscheiben jeweils in 4 Stücke schneiden, auf ein Backblech legen und im Ofen anrösten. Die Leberwurstmasse darauf verteilen und mit Birnenspalten und Petersilie dekorieren.

Tapas

... mit Gemüse & Pilzen

Die kalte spanische Gazpacho, eine Gemüsesuppe mit Paprika, Tomaten, Salatgurke und feiner Schärfe, ist ein toller Tipp für heiße Sommertage.

Gazpacho mit Parmesan-Chips

ca. 8 Portionen | gut vorzubereiten

Für die Suppe:
200 g rote Paprika
1 rote Peperoni
100 g Salatgurke
1 Knoblauchzehe
2 große reife Tomaten
1 EL Olivenöl
1 EL milder Essig
1–2 TL Salz
½ TL Zucker
schwarzer Pfeffer aus der Mühle

Für die Parmesan-Chips:
100 g fein geriebener Parmesan

Für die Gazpacho die Paprika und Peperoni halbieren, Stielansatz und Kerne entfernen und waschen.
Nach dem Abtropfen in grobe Stücke schneiden. Salatgurke schälen und in Scheiben schneiden. Die Knoblauchzehe schälen und grob hacken. Einen mittleren Topf mit Wasser zum Kochen bringen. Die Tomaten mit einem scharfen Messer kreuzweise einschneiden und kurz in dem kochenden Wasser überbrühen. Mit einem Schaumlöffel herausnehmen, die Haut abziehen und den Stielansatz herausschneiden. Grob würfeln. Alles in eine Rührschüssel geben und mit dem Pürierstab pürieren. Mit Öl, Essig, Salz, Zucker, Paprikapulver und Pfeffer abschmecken und bis zum Servieren in den Kühlschrank stellen.
Für die Parmesan-Chips den Backofen auf 200°C vorheizen. Ein Backblech mit Backpapier belegen. Mit einem Teelöffel kleine Häufchen Parmesan auf das Backpapier geben und etwas flach drücken. Im Ofen (Gas Stufe 3, Umluft 180°C) 6–7 Minuten goldbraun backen. Ergibt etwa 50 Stück.
Die Gazpacho in Espressotassen oder kleine Gläser füllen und die Chips dazu reichen.

TIPP 1: Die Parmesan-Chips bleiben in einer luftdichten Dose frisch.
TIPP 2: Sie möchten lieber eine gelbe Gazpacho? – Dann nehmen Sie 300 g gelbe Paprika und nur 1 Tomate und lassen Sie die Peperoni weg. Abgeschmeckt wird dann mit etwas Curry und Chilipulver.

Cocktailtomaten, gefüllt mit Schafskäsecreme oder mit Kräuterfrischkäse

ca. 5 Portionen | gut vorzubereiten

10 etwas größere Cocktailtomaten

Für die Schafskäsecreme:
1 Knoblauchzehe
300 g Schafskäse
1–2 EL Sahne
Salz, Pfeffer, Chilipulver
Basilikumblätter

Für die Kräuterfrischkäse-Variante:
300 g Kräuterfrischkäse
1–2 EL Sahne
½ Bund Rucola
Salz, Pfeffer

Die Tomaten waschen und trocken tupfen, dabei vorhandene Fruchtblätter nicht entfernen.
Bei jeder Frucht einen Deckel abschneiden und beiseitelegen. Die Tomaten vorsichtig mit einem kleinen Löffel aushöhlen.
Für die Schafskäsecreme die Knoblauchzehe schälen, grob hacken und zusammen mit dem Schafskäse, der Sahne und der Hälfte des Tomatenfruchtfleisches pürieren. Mit Salz, Pfeffer und Chilipulver abschmecken. Mit 2 kleinen Löffeln in die Tomaten füllen und die Deckel wieder aufsetzen. Mit Basilikumblättern dekorieren.
Für die Frischkäsefüllung den Kräuterfrischkäse mit der Sahne glatt rühren. Den Rucola verlesen, waschen und trocken schütteln. Fein hacken und unter den Frischkäse mischen. Mit Salz und Pfeffer abschmecken. Mit 2 kleinen Löffeln in die Tomaten füllen und die Deckel wieder aufsetzen. Mit ein paar Rucolablättern dekorieren.

Kleine Puffer aus Sauerkraut und Kartoffeln, serviert mit einem Dip aus eingelegter Roter Bete und Äpfeln und abgeschmeckt mit Meerrettich werden zu winterlichen Tapas.

Sauerkraut-Kartoffelpuffer mit Rote-Bete-Dip

ca. 6 Portionen | am besten heiß

Für die Puffer:
150 g Sauerkraut
150 g Kartoffeln
1 kleine Zwiebel
1 Ei
2 EL Mehl
Pfeffer, wenig Salz
Muskat
Öl zum Ausbacken

Für den Rote-Bete-Dip:
200 g Schmand
1 EL Milch
150 g eingelegte Rote Bete
1 Apfel
1–2 TL Meerrettich aus dem Glas
½ TL Zucker, Salz, Pfeffer

Für die Puffer das Sauerkraut mit den Händen gut auspressen und in eine große Schüssel geben. Kartoffeln schälen, grob raspeln und zum Kraut geben. Die Zwiebel schälen, fein hacken und mit Ei, Mehl und den Gewürzen zugeben. Die Masse mit einer Gabel gut durchmischen. Das Öl in einer Pfanne erhitzen. Mit einem Esslöffel kleine Häufchen von der Sauerkrautmasse in die Pfanne geben, etwas flach drücken und eventuell in Form schieben. In schwimmendem Fett so lange braten, bis die Unterseite goldbraun ist. Wenden und ebenfalls goldbraun braten. Die fertigen Puffer auf einen Teller geben und im Backofen bei ca. 100°C warmhalten, bis die restliche Masse ausgebacken ist.
In der Zwischenzeit für den Dip den Schmand in einer Schüssel mit der Milch glatt rühren. Die Rote Bete gut abtropfen lassen, in kleine Würfel schneiden und zu dem Schmand geben. Den Apfel schälen, vierteln und das Kerngehäuse entfernen. Ebenfalls klein würfeln und zusammen mit dem Meerrettich unter den Schmand rühren. Mit Zucker, Salz und Pfeffer abschmecken und zu den Sauerkraut-Kartoffelpuffern reichen.

Die marinierten Pilze lassen sich wunderbar vorbereiten und sind sehr würzig.

Marinierte Pilze

8 Portionen | gut vorzubereiten

300 g Pilze (Pfifferlinge, Steinchampignons, Steinpilze oder Austernpilze)
1 große Zwiebel
2 Knoblauchzehen
1 rote Peperoni
5 Zweige Basilikum
150 ml Olivenöl
Salz, Pfeffer
2 EL weißer Balsamico
3 EL Riesling
mehrere Cocktailtomaten

Die Pilze putzen und in grobe Stücke schneiden. Das Basilikum kurz abbrausen und trocken schütteln. Die Blätter abzupfen, 8 große für die Deko beiseitestellen und den Rest klein zerzupfen. Die Zwiebel schälen, halbieren und in dünne halbe Ringe schneiden. Den Knoblauch schälen und in feine Scheibchen schneiden. Die Peperoni halbieren, Kerne und Stielansatz entfernen und waschen. In feine Streifen schneiden.

Das Öl in einem mittelgroßen flachen Topf erhitzen. Die Pilze ca. 15 Minuten unter mehrmaligem Rühren darin anbraten. Die Zwiebel, den Knoblauch und die Peperoni zugeben und mitbraten, bis die Zwiebeln glasig werden. Das Basilikum untermischen. Mit dem Balsamico und dem Wein aufgießen und 5 Minuten aufkochen lassen. Mit Salz und Pfeffer abschmecken und vom Herd nehmen. Einige Stunden durchziehen lassen.

Die marinierten Pilze in kleine Schüsselchen füllen. Die Cocktailtomaten waschen, halbieren und auf den Pilzen verteilen. Mit Basilikumblättern dekorieren.

Dazu schmeckt frisches Baguette.

Nichts bringt den Geschmack von Zucchini besser zur Geltung als wenn man sie ausbäckt: mit Aioli zum Dippen ein Hochgenuss!

Panierte Zucchinischeiben mit Aioli (= Knoblauchmayonnaise)

ca. 8 Portionen | schmecken heiß am besten

Für die Aioli:
250 ml Öl
1 Ei
1 TL Senf
1–2 Knoblauchzehen
Salz, Pfeffer

Für die panierten Zucchinischeiben:
2 mittelgroße Zucchini
3–4 EL Mehl
1 Ei
4–5 EL Semmelmehl
Öl zum Braten

Für die Aioli das Öl, das Ei und den Senf in einen hohen Pürierbecher geben. Dabei sollten Öl und Ei dieselbe Temperatur haben. Den Knoblauch schälen, klein hacken und dazugeben. Alles mit dem Pürierstab kurz durchmixen und mit Salz und Pfeffer abschmecken. Aioli kalt stellen.
Die Zucchini waschen, abtrocknen und in ca. 1 cm dicke Scheiben schneiden. Das Mehl in eine kleine Schüssel geben. Das Ei mit einer Gabel in einer kleinen Schüssel verqirlen. Das Semmelmehl in eine kleine Schüssel geben. Nun die Zucchinischeiben erst in Mehl, dann in Ei und zuletzt in Semmelmehl wenden. Öl in einer Pfanne erhitzen und die panierten Scheiben von beiden Seiten darin goldbraun ausbacken. Auf Küchenpapier etwas abtropfen lassen. Je 3 Zucchinischeiben in Schälchen schichten. Aioli in kleine Gefäße füllen und zum Dippen dazu servieren.

TIPP: Ersetzen Sie einen Teil des Semmelmehls durch geriebenen Parmesan!

Möhren werden in Sherry gedünstet; Curry und Kreuzkümmel bringen einen Hauch Asia.

Pikante Sherry-Möhren

4–5 Portionen | frisch zubereiten

400 g Möhren
1 rote Peperoni
1 mittelgroße Zwiebel
1 Knoblauchzehe
50 g Butter
8 cl Sherry
Salz, Pfeffer
Chilipulver, Curry, Kreuzkümmel

Die Möhren schälen und in etwa 0,5 cm dicke Scheiben schneiden. Die Peperoni halbieren, Kerne entfernen und waschen. In feine Ringe schneiden. Die Zwiebel schälen, halbieren und in feine Scheiben schneiden. Die Knoblauchzehe schälen und in dünne Scheiben schneiden. Die Butter in einem mittelgroßen Topf erhitzen und die Möhren zugeben. Unter Rühren anschmoren, bis sie leicht bräunen. Peperoni, Zwiebel und Knoblauch zugeben und kurz mitschmoren. Mit dem Sherry ablöschen und auf kleiner Flamme dünsten, bis die Möhren weich sind und der Sherry etwas einreduziert ist. Mit Salz, Pfeffer und den Gewürzen pikant abschmecken.
Dazu schmeckt Baguette.

TIPP: Diese Möhren passen auch gut zu gegrilltem Fleisch.

Eignen sich bestens als Vorspeise oder auch als besondere Knabberei zum Wein.

Gebackene Oliven

4 Portionen | frisch servieren

20 große entkernte Oliven aus dem Glas
½ rote Paprika
1 Ei
2–3 EL Mehl
Öl zum Ausbacken

Oliven gut abtropfen lassen und etwas mit Küchenpapier trocken tupfen. Bei der Paprika den Stielansatz und die Kerne entfernen, waschen und in schmale Streifen schneiden. Die Streifen so zuschneiden, dass sie genau in die Oliven passen. Alle Oliven damit füllen. Das Ei in einer kleinen Schüssel verquirlen. Das Mehl in eine kleine Schüssel geben. Die Oliven erst in Ei, dann in Mehl wenden.

Das Öl in einem kleinen Topf erhitzen und die Oliven darin nacheinander rundherum goldbraun ausbacken. Kurz auf Küchenpapier abtropfen lassen. Je 5 Oliven in ein Schüsselchen geben und einen Spieß dazustecken.

TIPP: Mit etwas Curry oder Paprikapulver im Mehl ergeben sich interessante Geschmacksvarianten.

Pälzer Grumbeere – also Pfälzer Kartoffeln – in einer spanischen Tortilla, da leuchte das Prinzip der Pfälzer Tapas doch auf Anhieb ein!

Kartoffel-Tortilla

8 Portionen | gut vorzubereiten

4 mittelgroße Kartoffeln
4 Frühlingszwiebeln
2 Knoblauchzehen
½ Bund Petersilie
Salz, Pfeffer, Muskat
4–5 EL Olivenöl
5 Eier

Die Kartoffeln schälen und in feine Scheiben schneiden. Die Frühlingszwiebeln putzen und in dünne Ringe schneiden. Knoblauch schälen und in dünne Scheiben schneiden. Petersilie waschen, trocken schütteln und fein hacken, einige Stängel für die Deko aufheben.
2 Esslöffel Olivenöl in einer Pfanne erhitzen. Die Kartoffelscheiben zugeben und bei mittlerer Hitze ca. 5 Minuten braten. Zwiebeln und Knoblauch untermischen und weitere 5 Minuten braten. Petersilie zugeben und die Masse mit den Gewürzen abschmecken.
Eier in einer großen Schüssel verquirlen und die Kartoffelmasse daruntermischen.
Restliches Öl in die Pfanne geben und erhitzen. Kartoffel-Ei-Masse dazugeben, glatt streichen und bei schwacher Hitze 8–10 Minuten stocken lassen. Wenn die Unterseite braun wird, die Tortilla mithilfe eines Tellers wenden und weitere 5 Minuten braten. Aus der Pfanne nehmen und in 8 Tortenstücke schneiden. Mit Petersilienzweigen dekorieren.

TIPP: Schmeckt warm und kalt. Wenn man die Tortilla am Tag zuvor zubereitet, kann man sie im Backofen oder in der Mikrowelle schnell wieder warm machen.

Variante: Ersetzen Sie die Kartoffeln doch mal durch 200 g Steinpilze!

Frittata ist die italienische Ausgabe der spanischen Tortilla, hier mit Kürbis und Parmesan.

Kürbis-Frittata

8 Portionen | gut vorzubereiten

200 g Fruchtfleisch vom Hokkaido-Kürbis
1 große Zwiebel
1 Knoblauchzehe
½ Bund Dill
5 EL Öl
5 Eier
2 EL grob geraspelter Parmesankäse
Salz, Pfeffer, Curry, Chilipulver

Den Kürbis zerteilen, Kerne entfernen und so viel davon schälen, bis man 200 g Fruchtfleisch erhält. Das Kürbisfleisch mit der Gemüsereibe grob raspeln. Die Zwiebel schälen, halbieren und in dünne Scheiben schneiden. Die Knoblauchzehe schälen und klein hacken. Den Dill waschen, trocken schütteln und fein hacken.

3 Esslöffel Öl in einer Pfanne erhitzen und die Kürbisraspeln darin anbraten. Zwiebel, Knoblauch und Dill zufügen und kurz mitschmoren. Die Eier in einer großen Schüssel verquirlen, den Parmesan und die Kürbismasse dazugeben. Mit Salz, Pfeffer, Curry und Chilipulver abschmecken.

Das restliche Öl in der Pfanne erhitzen. Die Kürbis-Eimasse hineingießen und glatt streichen. Bei schwacher Hitze in 8–10 Minuten stocken lassen. Wenn die Unterseite braun wird, die Frittata mithilfe eines Tellers wenden. Weitere 5 Minuten braten.

Aus der Pfanne nehmen und in 8 Tortenstücke schneiden. Mit Dillzweigen dekorieren.

Feldsalat mit spanischer Paprikasalami und Sherry-Marinade schmeckt doch sofort ein bisschen nach Spanien – olé!

Feldsalat mit gerösteter Chorizo und Croûtons

ca. 4 Portionen | frisch zubereiten

200 g Feldsalat
1 kleine Zwiebel
200 g Chorizo

Für die Croûtons:
3 Scheiben Toast
2 EL Butter

Für die Sherry-Marinade:
1 EL Senf
4 EL Öl
2 EL Sherry
8 EL Wasser
½ TL Zucker, Salz, Pfeffer

Den Feldsalat verlesen, sehr gründlich waschen, abtropfen lassen und in eine große Schüssel geben.
Die Zwiebel schälen, klein würfeln und zum Salat geben. Die Chorizo in kleine Würfel schneiden.
Die Zutaten für die Marinade in ein leeres Schraubglas geben und gut durchschütteln. Pikant abschmecken.
Für die Croûtons die Toastscheiben in Würfel schneiden. Die Butter in einer Pfanne erhitzen und die Brotwürfel von allen Seiten goldbraun anbraten. Croûtons aus der Pfanne nehmen. Jetzt die Chorizowürfel in die noch heiße Pfanne geben und kurz anbraten.
Die Marinade unter den Salat mischen und ihn in kleine Schälchen oder auf kleine Teller füllen. Croûtons und Wurstwürfel darauf verteilen.

Variante: Statt der Chorizo den Feldsalat mit 100 g gebratenen Speckwürfeln, 50 g gehackten, gebratenen Walnüssen sowie 100 g weißen kernlosen Trauben mischen

Geröstete Brotscheiben, bestrichen mit einem Pesto, das statt mit Basilikum aus Feldsalat gemixt wurde:

Crostini mit Feldsalatpesto

25 Portionen | gut vorzubereiten

Für das Pesto:
100 g Feldsalat
2–3 Knoblauchzehen
1 EL getrockneter Oregano
2 EL gehackte Walnüsse
125 ml Olivenöl
Salz, Pfeffer

1 Baguette – kann vom Vortag sein
ca. 25 Walnusshälften

Den Feldsalat putzen und gründlich waschen. Gut abtropfen lassen und in eine schmale hohe Rührschüssel geben. Die Knoblauchzehen schälen, grob hacken und dazugeben. Oregano, Walnüsse und Öl zugeben und mit dem Pürierstab gründlich pürieren. Mit Salz und Pfeffer abschmecken.
Den Backofen auf 200°C vorheizen. Das Baguette in ca. 2 cm dicke Scheiben schneiden, auf ein Backblech legen und im Ofen (Gas Stufe 3, Umluft 180°C) knusprig anrösten. Herausnehmen und großzügig mit Pesto bestreichen. Jede Brotscheibe mit einer halben Walnuss dekorieren. Sofort servieren.

TIPP: Das Pesto können Sie schon am Vortag zubereiten. Und es passt natürlich auch bestens zu Nudeln!

Tapas

... mit Fisch

Lachstatar im Glas ist nicht nur ein Hingucker auf jedem Büffet, sondern schmeckt auch noch super!

Lachstatar

5 Portionen | gut vorzubereiten

200 g Räucherlachs
1 kleine Zwiebel
50 g Senfgurken aus dem Glas
½ Bund Dill
4 EL Öl
6–7 EL Senfgurkensud
1 EL Essig
Pfeffer

Den Lachs fein würfeln. Die Zwiebel schälen und fein hacken. Die Senfgurken klein würfeln. Den Dill waschen, trocken schütteln und ein paar Stängel für die Deko beiseitestellen. Den Rest klein schneiden. Alles in eine Schüssel geben. Das Öl und den Gurkensud dazugeben, gut mischen und mit Salz und Pfeffer abschmecken. In kleine Gläser füllen und mit Dill dekorieren.
Passt gut zu Toast, frischem Baguette, aber auch zu kräftigem Roggenbrot.

TIPP: Passt auch wunderbar zu Pellkartoffeln.

Lachswürfel werden mehliert, gebraten und mit der Gurken-Dillcreme (erinnert sehr an Zaziki!) serviert.

Gebratene Lachswürfel mit Gurken-Dillcreme

4 Portionen | geht schnell

Für die Gurken-Dillcreme:
200 g Crème fraîche
100 g Salatgurke
1 Bund Dill
Salz, Pfeffer

Für die Lachswürfel:
200 g Lachsfilet
1 Zitrone
Salz, Pfeffer
5 EL Mehl
Öl zum Braten

Für die Dillcreme die Crème fraîche in eine Schüssel geben. Die Gurke schälen, halbieren und mit einem Löffel die Kerne herausschaben. Gurke mit der Gemüsereibe fein raspeln. Den Dill waschen und trocken schütteln. 2 Zweige für die Dekoration beiseitestellen, den Rest fein hacken. Zusammen mit den Gurkenraspeln in die Schüssel geben und alles gut durchmischen. Mit Salz und Pfeffer abschmecken.
Den Lachs – egal ob frisch oder aufgetaut – waschen und mit Küchenpapier trocken tupfen. Die Zitrone halbieren, eine Hälfte auspressen und den Fisch damit beträufeln. Den Lachs von beiden Seiten salzen und pfeffern und in etwa 3 cm große Würfel schneiden.
Das Mehl in eine kleine Schüssel geben und die Fischwürfel der Reihe nach von allen Seiten darin wenden. Das Öl in einer Pfanne erhitzen, die Lachswürfel darin von allen Seiten goldbraun braten und sofort auf Schälchen verteilen.
Von der restlichen halben Zitrone 4 dünne Scheiben abschneiden. Jede dieser Scheiben an einer Seite bis zur Mitte einschneiden, in sich verdrehen und auf die Fischwürfel setzen. Den Dip auf kleine Gläser oder Schälchen verteilen und dazu reichen.

Überraschende, aber perfekte Kombination: Zucchini, geräucherte Forelle und Meerrettich.

Zucchini-Puffer mit geräucherter Forelle

ca. 6 Portionen | heiß am besten

Für die Meerrettichsahne:
200 g Sahne
½ TL Salz
1–2 TL Meerrettich aus dem Glas

Für die Zucchini-Puffer:
2 mittelgroße Zucchini
1 Zwiebel
1 Ei
3 EL Mehl
Salz, Pfeffer, Muskat
Öl zum Braten

Ansonsten:
4 Räucherforellenfilets
3 Zitronenscheiben
rosa Pfefferkörner

Für die Meerrettichsahne die Sahne mit dem Salz steif schlagen. Den Meerrettich (Menge nach persönlichem Geschmack) untermischen und eventuell noch mit Salz abschmecken.
Für die Puffer die Zucchini waschen und abtrocknen. Mit der Gemüsereibe grob raspeln und in eine Schüssel geben. Die Zwiebel schälen und fein hacken. Mit dem Ei und dem Mehl zu den Zucchini-Raspeln geben und gut vermengen. Mit Salz, Pfeffer und Muskat abschmecken.
Das Öl in einer Pfanne erhitzen. Mit einem Löffel kleine Häufchen von der Zucchini-Masse in das Öl geben und etwas flach drücken. Von beiden Seiten knusprig braten. Auf jeden Puffer einen Klecks Meerrettichsahne geben.
Jedes Räucherforellenfilet in drei Stücke schneiden und auf den Puffern verteilen.
Die Zitronenscheiben vierteln und jeden Zucchini-Puffer mit einem Viertel dekorieren. Die rosa Pfefferkörner darüberstreuen.

Mini in der Größe, maxi im Geschmack: Die kleinen, runden Fischklopse passen fantastisch zur selbstgemachten Remoulade.

Mini-Fischfrikadellen mit Remoulade

5 Portionen | gut vorzubereiten

Für die Remoulade:
250 ml Öl
1 Ei
1 TL Senf
Salz und Pfeffer
1 hart gekochtes Ei
1–2 Essiggurken
½ Bund Schnittlauch

Für die Fischfrikadellen:
200 g Seelachsfilet
1 kleine Zwiebel
1 Ei
1 TL gehackter frischer Dill
5 EL Semmelmehl
Salz, Pfeffer
Öl zum Braten
einige Kirschtomaten zum Anrichten

Für die Remoulade das Öl, das Ei und den Senf in einen Rührbecher geben und mit dem Pürierstab zu einer cremigen Mayonnaise rühren (Achtung: Öl und Ei sollten dieselbe Temperatur haben!). Mit Salz und Pfeffer abschmecken. Das gekochte Ei schälen und klein würfeln. Die Essiggurken ebenfalls klein würfeln. Den Schnittlauch waschen, trocken schütteln und sehr klein schneiden. Alles zur Mayonnaise geben, gut mischen und eventuell noch einmal mit Salz und Pfeffer abschmecken.
Für die Fischfrikadellen den Seelachs (egal ob frisch oder aufgetaut) kurz waschen und mit Küchenpapier trocken tupfen. Mit einem scharfen Messer in sehr feine Würfel schneiden und in eine Schüssel geben. Die Zwiebel schälen und fein hacken. Zusammen mit dem Dill, dem Ei und dem Semmelmehl zum Fisch geben und alles gut durchmischen. Mit Salz und Pfeffer abschmecken und 15 Minuten durchziehen lassen. Kleine Kugeln, ca. 15 Stück, formen und etwas flach drücken.
Das Öl in einer Pfanne erhitzen und die Fischfrikadellen darin von beiden Seiten goldbraun braten. Jeweils 3 Frikadellen in Schälchen geben. Die Remoulade in einem separaten Glas dazu servieren. Kirschtomaten waschen und halbieren. Zusammen mit ein oder zwei Schnittlauchhalmen dekorativ darauf verteilen.

TIPP: Wer mag, kann noch 1 EL Kapern in die Remoulade geben.

Die Lachsterrine besteht aus Räucherlachs und Kräuterfrischkäse und eignet sich sowohl solo als Vorspeise wie auch zusammen mit einem Salat.

Lachsterrine

ca. 8 Portionen | gut vorzubereiten

6 Blatt weiße Gelatine
250 g Räucherlachs
400 g Kräuterfrischkäse
200 ml Sahne
2 TL frisch gehackter Dill
Salz, Pfeffer
mehrere Dillzweige

Die Gelatine in kaltem Wasser einweichen.
200 g Räucherlachs fein würfeln, den Rest in Streifen schneiden und für die Deko beiseitestellen.
Den Frischkäse mit der Sahne glatt rühren.
Die Gelatine unausgedrückt in einen kleinen Topf geben und unter Rühren auf niedriger Stufe erhitzen und auflösen. Unter die Frischkäsemasse rühren. Dill und Lachswürfel untermischen und mit Salz und Pfeffer abschmecken.
Eine Terrinenform oder Mini-Kastenform (Inhalt ca. 1 l) mit Frischhaltefolie auslegen und die Masse hineinfüllen. Im Kühlschrank über Nacht fest werden lassen.
Am nächsten Tag die Terrine aus der Form stürzen, Folie entfernen und in ca. 2 cm dicke Scheiben schneiden. Jede Scheibe auf einen kleinen Teller legen und mit Dillzweig und Lachsstreifen dekorieren.

TIPP: Dazu passt frisches Weißbrot.

Knoblauchgarnelen

4–6 Portionen | frisch am besten

400 g geschälte Garnelen (roh oder gekocht)
2 große Tomaten
2–3 Knoblauchzehen
1 rote Peperoni
6 EL Olivenöl
1 Prise Zucker, Salz, Pfeffer
1 EL Kräuter der Provence
3 Zitronenscheiben

Die Garnelen waschen und mit Küchenpapier trocken tupfen.
Einen kleinen Topf mit Wasser füllen und zum Kochen bringen. Die Tomaten über Kreuz einschneiden und kurz in dem kochenden Wasser überbrühen. Häuten, halbieren, Stielansätze herausschneiden und das Fruchtfleisch würfeln. Die Knoblauchzehen schälen und in feine Scheiben schneiden.
Die Peperoni halbieren, Kerne entfernen, waschen und in feine Streifen schneiden.
Das Olivenöl in einer Pfanne erhitzen. Die Garnelen darin von beiden Seiten anbraten – die rohen, bis sie sich rot gefärbt haben, die gekochten, bis sie heiß sind. Den Knoblauch und die Peperoni zugeben und kurz mitbraten. Die Tomatenwürfel zugeben und kurz weiter schmoren. Mit Zucker, Salz und Pfeffer abschmecken. Die Kräuter der Provence untermischen und auf kleine Schälchen verteilen. Zitronenscheiben halbieren und auf die Garnelen setzen.
Dazu schmeckt frisches Baguette.

Knusprige Schale aus wahlweise Sesam oder Cornflakes – zarter Kern aus Seeteufel oder Lachs.

Knusperfisch

4 Portionen | gut vorzubereiten

200 g Fischfilet (Seeteufel oder Lachs)
Saft von ½ Zitrone
Salz, Pfeffer

Für die Cornflakes-Kruste:
100 g Cornflakes (ungesüßt)
1 Ei
Öl zum Braten

Für die Sesam-Kruste:
100 g Sesam (geschält)
1 TL Kurkuma, gemahlen
1 Ei
Öl zum Braten

Den Fisch waschen und mit Küchenpapier trocken tupfen. Mit Zitronensaft beträufeln, salzen und pfeffern. In etwa 2 cm breite Streifen schneiden.
Für die Cornflakes-Kruste die Cornflakes in einen Gefrierbeutel geben und mit dem Fleischklopfer etwas zerkleinern. Die Flakes in eine kleine Schüssel geben. In einer anderen kleinen Schüssel das Ei mit einer Gabel verschlagen. Die Fischstreifen erst in Ei und dann in den Cornflakes wenden.
Das Öl in einer Pfanne erhitzen und die Fischstücke darin 3–5 Minuten von beiden Seiten goldbraun braten.
Für die Sesam-Kruste den Sesam mit dem Kurkumapulver mischen. In einer kleinen Schüssel das Ei mit einer Gabel verschlagen. Die Fischstreifen erst in Ei und dann in der Sesam-Mischung wenden.
Das Öl in einer Pfanne erhitzen und die Fischstücke darin 3–5 Minuten von beiden Seiten goldbraun braten.

TIPP: Dazu passt Sweet Chili Soße – die gibt es in der Asia-Abteilung im Supermarkt.

Gebratene Jakobsmuscheln mit Chili-Paprika-Dip

5 Portionen | frisch servieren

2 Knoblauchzehen
½ Bund Petersilie
1 kleine rote Peperoni
10 Jakobsmuscheln
3 EL Semmelmehl
8 EL Öl
1 TL Zitronensaft
3 EL Sherry
Salz, Pfeffer

Die Knoblauchzehen schälen und in feine Scheiben schneiden. Die Petersilie waschen und trocken schütteln. 2–3 Stängel für die Deko beiseitestellen, den Rest fein hacken. Die Peperoni halbieren, Kerne entfernen und waschen; in feine Streifen schneiden.
Die Jakobsmuscheln waschen und mit Küchenpapier trocken tupfen. Das Semmelmehl in eine kleine Schüssel geben und das Muschelfleisch darin wenden.
Das Öl in einer Pfanne erhitzen und die Muscheln darin von beiden Seiten goldbraun braten. Aus der Pfanne nehmen und warm stellen. Knoblauch, Petersilie und Peperoni-Streifen in das Öl geben und kurz andünsten. Zitronensaft und Sherry zugeben und etwas einköcheln lassen. Mit Salz und Pfeffer abschmecken und auf Schälchen oder leere Jakobsmuschel-Schalen verteilen. Je zwei Stück Muschelfleisch daraufsetzen und mit Petersilie dekorieren.

Gratinierte Muscheln

8 Portionen | gut vorzubereiten

1 kg frische Miesmuscheln
¼ l Riesling
1 Zwiebel
1 Knoblauchzehe
5 Zweige frischer Majoran
2 EL Olivenöl
2 EL Tomatenmark
1 Ei
3 EL weiche Butter
70 g Bauernbrot ohne Rinde vom Vortag
3 EL fein geriebener Parmesan
Salz, Pfeffer
3 EL Parmesanspäne

Die Miesmuscheln unter fließendem kalten Wasser waschen. Bereits geöffnete Muscheln wegwerfen.

Die Muscheln in einen großen flachen Topf geben, den Riesling dazugießen und zum Kochen bringen. Muscheln etwa 5 Minuten garen, bis sie sich öffnen. Abgießen und geschlossene Muscheln heraussuchen und wegwerfen. Die etwas abgekühlten Miesmuscheln aufklappen und vorsichtig am Mittelscharnier auseinanderbrechen. Die leeren Hälften wegwerfen, die Hälften mit dem Muschelfleisch nebeneinander auf ein Backblech legen.

Für die Füllung die Zwiebel schälen und fein hacken. Den Knoblauch schälen und durchpressen. Den Majoran waschen, trocken schütteln und die Blättchen abzupfen.

Das Öl in einer Pfanne erhitzen. Die Zwiebeln darin glasig dünsten. Knoblauch zugeben und kurz mitdünsten. Das Tomatenmark mit dem Majoran zugeben und unter Rühren kurz erhitzen. Vom Herd nehmen und etwas abkühlen lassen.

Das Ei und die weiche Butter mit einer Gabel in einer Schüssel vermengen und das Bauernbrot hineinkrümeln. Den Parmesan dazugeben. Die Tomatenmasse zufügen und alles gut durchmischen. Mit Salz und Pfeffer abschmecken. Auf jede Muschel 1 Teelöffel von der Masse setzen und mit den Parmesanspänen bestreuen.

Backofen auf 200°C vorheizen. Die Muscheln (Gas Stufe 3, Umluft 180°C) 5–10 Minuten überbacken.

TIPP: Sie können das Tomatenmark auch durch Senf ersetzen.

Tapas

... mit Brot

Hefeteig, bedeckt mit gedünsteten Zwiebeln in einer Eier-Sahne-Mischung – das ist in der Pfalz der Klassiker zu jungem Wein, dem so genannten Federweißem, schmeckt aber auch prima zu altem Wein!

Zwiebelkuchenwürfel

8 Portionen | gut vorzubereiten

Für den Hefeteig:
42 g Hefe
125 ml Milch
100 g Butter
500 g Mehl
½ TL Salz

Für den Belag:
1 kg Zwiebeln, 3 EL Öl
200 g Schinkenwürfel
500 g saure Sahne
3 Eier
Salz, Pfeffer, Muskat, Kümmel (nach Belieben)

Für den Hefeteig die Hefe mit 5 Esslöffeln Milch in einer kleinen Schüssel verrühren. Backofen auf niedrigste Stufe einstellen und die Hefe darin gehen lassen. Die restliche Milch mit der Butter in einen kleinen Topf geben und bei kleiner Hitze erwärmen, bis die Butter zerlassen ist.
Das Mehl mit dem Salz in eine große Schüssel geben. Die gegangene Hefe unterrühren. Milch und Butter zugeben und einen glatten Teig kneten. Auf einem gefetteten Backblech ausrollen und 20 Minuten gehen lassen.
Für den Belag die Zwiebeln schälen und in dünne Ringe schneiden. Das Öl in einem großen Topf erhitzen und die Zwiebeln darin glasig schmoren. Die Schinkenwürfel zugeben und mit anbraten.
Den Backofen auf 200°C vorheizen.
Die saure Sahne mit den Eiern verquirlen und mit Salz, Pfeffer, Muskat und Kümmel abschmecken. Unter die Zwiebelmasse rühren und auf dem Hefeteig verteilen.
Im Ofen (Gas Stufe 3, Umluft 180°C) 35–45 Minuten backen. In gleich große Quadrate schneiden.

Eine Variante der berühmten Quiche Lorraine, hier mit grünem und weißem Spargel.

Pfälzer Quiche

10 Portionen | gut vorzubereiten

Für den Teig:
250 g Mehl
125 g weiche Butter
1 TL Salz
1 Ei

Für den Belag:
500 g weißer Spargel
500 g grüner Spargel
1 TL Zucker
1 TL Butter
300 g gekochter Schinken am Stück
1 Zwiebel
3 EL Öl
4 Eier
200 ml Sahne
100 g Crème fraîche
100 g geriebener Gouda
Salz, schwarzer Pfeffer, Muskat

Aus den Zutaten einen festen Teig kneten, in Frischhaltefolie packen und etwa 1 Stunde im Kühlschrank ruhen lassen.
Für den Belag den weißen Spargel ganz, beim grünen Spargel bei Bedarf die untere Hälfte schälen. Holzige Stellen entfernen und in 3 cm lange Stücke schneiden. In reichlich Salzwasser mit dem Zucker und der Butter kernig kochen. (Der Spargel sollte nicht zu weich sein, da er beim Backen auch noch gart!) Abgießen und gut abtropfen lassen.
Den Schinken in kleine Würfel schneiden. Die Zwiebel schälen und klein würfeln. Das Öl in einem Topf erhitzen und die Schinken- und Zwiebelwürfel darin leicht anbraten.
In der Zwischenzeit die Eier mit der Sahne und der Crème fraîche verquirlen. Den Gouda zugeben und mit Salz, Pfeffer und Muskat abschmecken. Die Schinkenmasse untermischen.
Den Backofen auf 200°C vorheizen.
Eine große eckige Auflaufform oder ein Backblech mit hohem Rand fetten und mit dem Teig auslegen. Dabei einen kleinen Rand hochziehen. Die Spargelstücke darauf verteilen und die Ei-Sahne-Masse darübergießen. Im Ofen (Gas Stufe 3, Umluft 180°C) 30–40 Minuten backen. Am besten mit einem elektrischen Messer in Quadrate schneiden.

TIPP: Die Quiche kann man schon am Tag vorher machen. Am nächsten Tag dann die Stücke schnell in der Mikrowelle warm machen.

Flammkuchen wird normalerweise auf riesigen Holzbrettern serviert. Hier die Minivariante mit gleich drei verschiedenen Belagvorschlägen – potenziert das Vergnügen!

Mini-Flammkuchen

18–20 Stück | gut vorzubereiten

Für den Teig:
300 g Mehl
125 g Wasser
4 EL Öl
½ TL Salz

Für den Belag:
300 g Schmand
100 g Sahne
1 große Zwiebel
150 g Katenschinkenwürfel
schwarzer Pfeffer aus der Mühle

Die Teigzutaten zu einem glatten Teig verkneten. Falls er zu bröselig sein sollte, noch etwas Öl oder Wasser zugeben. Teigkugel in Frischhaltefolie wickeln und im Kühlschrank ruhen lassen.
Für den Belag den Schmand mit der Sahne glatt rühren. Die Zwiebel schälen, halbieren und in dünne Scheiben schneiden.
Den Teig in 18–20 gleich große Stücke teilen. Jedes Stück zu einer Kugel rollen und auf bemehlter Arbeitsfläche sehr dünn und so rund wie möglich ausrollen. Auf ein Backblech mit Backpapier legen. Backofen auf 210°C vorheizen.
Mit einem Löffel die Schmand-Masse dünn auf die Teigfladen streichen, dabei einen schmalen Rand frei lassen. Die Zwiebeln und die Schinkenwürfel darauf verteilen und mit Pfeffer übermahlen.
Im Ofen (Gas Stufe 4, Umluft 200°C) 10–15 Minuten backen.

Variante 1: Flammkuchen mit Lachs. Dafür noch 1 Esslöffel gehackten frischen Dill in den Schmand rühren. Statt der Schinkenwürfel 150 g Räucherlachs in Streifen schneiden und auf den Mini-Flammkuchen verteilen.
Variante 2: Hier werden die Schinkenwürfel durch 150 g Münsterkäse ersetzt – einfach in dünne Scheiben schneiden und auf die Flammkuchen legen.

Man nehme kleine geröstete Brotscheiben und bestreiche sie mit etwas Köstlichem – fertig sind Bruschetta oder Crostini als kleine, feine Vorspeise! Hier mit einem Kürbisaufstrich.

Kürbis-Bruschetta

8 Portionen | gut vorzubereiten

200 g Hokkaido-Kürbis
1 rote Paprika
1 große Zwiebel
1 Knoblauchzehe
4 EL Olivenöl
Salz, Pfeffer, Cayennepfeffer
Baguette (kann vom Vortag sein)
50 g Pecorino am Stück (oder Parmesan)

Den Hokkaido-Kürbis vierteln und die Kerne entfernen. Eines der Viertel dünn schälen und 200 g abwiegen. Kürbisfleisch mit der Gemüsereibe grob raspeln. Die Paprika vierteln, Stielansatz und Kerne entfernen und waschen. In dünne Streifen schneiden. Die Zwiebel schälen, halbieren und in dünne Scheiben schneiden. Die Knoblauchzehe schälen und fein hacken.
Das Öl in einer Pfanne erhitzen. Die Kürbisraspel und die Paprikastreifen zugeben und einige Minuten darin anschmoren. Die Zwiebel und den Knoblauch zugeben und mitschmoren, bis die Zwiebeln beginnen, glasig zu werden. Mit Salz, Pfeffer und Cayennepfeffer abschmecken und vom Herd nehmen.
Den Backofen auf 200°C vorheizen. Das Baguette in etwa 2 cm dicke Scheiben schneiden, auf ein Backblech legen und im Ofen (Gas Stufe 3, Umluft 180°C) ca. 5 Minuten anrösten.
In der Zwischenzeit den Pecorino mit der Gemüsereibe grob raspeln.
Brotscheiben aus dem Ofen nehmen und die Grillfunktion einschalten. Die Kürbismasse auf den Brotscheiben verteilen und mit Pecorino bestreuen. Noch einmal in den Backofen schieben und ca. 3–5 Minuten übergrillen.

TIPP: Mit etwas Curry können Sie dem Ganzen eine asiatische Note geben.

Ein leckerer Brotaufstrich – rein vegetarisch.

Möhrenpaste

ca. 6 Portionen | gut vorzubereiten

400 g Möhren
100 ml Gemüsebrühe
1 Knoblauchzehe
100 g Schmand
1 TL Zitronensaft
Pfeffer, Salz, Kreuzkümmel
ein kleines Stück frischer Ingwer
Dillzweige

Die Möhren schälen und in gleich große Stücke schneiden. In einen kleinen hohen Topf geben und in der Gemüsebrühe weich dünsten. Brühe abgießen. Die Knoblauchzehe und den Ingwer schälen und grob hacken. Mit dem Schmand und dem Zitronensaft in den Topf geben und alles pürieren. Mit Pfeffer, evtl. etwas Salz und Kreuzkümmel kräftig abschmecken. In kleine Gläser füllen und mit Dillzweigen dekorieren.
Schmeckt zu geröstetem Weißbrot oder Brotchips.

TIPP: Machen Sie die leckere Paste ruhig auf Vorrat – in einem Schraubglas hält sie sich im Kühlschrank bis zu zwei Wochen.

Kartoffeln sind für alles zu gebrauchen – sogar für Brotaufstriche!

Zweierlei Kartoffelcreme

4 Portionen | gut vorzubereiten

Für die Kartoffel-Curry-Creme:
250 g mehlig kochende Kartoffeln
3 EL Olivenöl
150 g Schmand
1 Knoblauchzehe
Salz, Pfeffer, Currypulver
1 rote Peperoni

Für die Kartoffel-Tomaten-Creme:
250 g mehlig kochende Kartoffeln
6 getrocknete, in Öl eingelegte Tomaten
5 EL Tomatenöl
150 g Schmand
Salz, Pfeffer, 1 TL Oregano, Chilipulver
frische Basilikumblätter

Für beide Rezepte die Kartoffeln als Pellkartoffeln kochen. Kurz ausdampfen lassen, schälen und durch die Kartoffelpresse drücken.
Für die Currycreme die durchgedrückten Kartoffeln mit Olivenöl und Schmand zu einer glatten Masse verrühren. Die Knoblauchzehe schälen und dazupressen. Mit Salz, Pfeffer und Curry abschmecken und in kleine Schälchen füllen. Von der ganzen Peperoni für jedes Schälchen dünne Ringe abschneiden und dekorativ auf die Currycreme legen.
Für die Tomatencreme die eingelegten Tomatenscheiben aus dem Glas nehmen und klein würfeln. Die durchgedrückten Kartoffeln mit dem Öl aus dem Glas und dem Schmand glatt rühren. Tomatenwürfel zugeben und mit Salz, Pfeffer, Oregano und Chilipulver abschmecken. In kleine Schälchen füllen und mit Basilikumblättern dekorieren.

Rote und gelbe Paprika sorgen für die Farbe, Peperoni für die Schärfe – ein pikant-fruchtiger Aufstrich

Paprika-Laugen-Crostini

7 Portionen | gut vorzubereiten

1 rote Paprika
1 gelbe Paprika
1 kleine rote Peperoni
2 Frühlingszwiebeln
1 Knoblauchzehe
6 EL Olivenöl
1 EL Tomatenmark
2 EL Sherry
Salz, Pfeffer
2 Laugenstangen
50 g Parmesan am Stück

Die Paprikaschoten vierteln, die Peperoni halbieren, Stielansätze und Kerne entfernen und gründlich waschen. Die Paprika in Würfel, die Peperoni in sehr feine Streifen schneiden. Die Frühlingszwiebeln putzen und in Ringe schneiden. Die Knoblauchzehe schälen und in feine Scheiben schneiden. 5 Esslöffel Olivenöl in einem Topf erhitzen und alles darin anbraten. Tomatenmark untermischen und kurz mitschmoren. Mit Sherry ablöschen und etwas einköcheln lassen. Mit Salz und Pfeffer abschmecken. Vom Herd nehmen und etwas durchziehen lassen.
Die Laugenstangen schräg in Scheiben schneiden und mit 1 Esslöffel Olivenöl in einer Pfanne auf beiden Seiten leicht anrösten. Die Paprikamasse darauf verteilen.
Den Parmesan mit dem Gemüsehobel in grobe Späne hobeln und auf die Brote geben.

TIPP: Dafür eignen sich auch Brötchen oder Weißbrot vom Vortag.

Kräftige Blutwurst mit saftig-süßem Apfel und krossen Zwiebelringen auf knuspriger Brotscheibe.

Blutwurst-Crostini

6 Portionen | heiß servieren

6 Scheiben Baguette (ca. 2 cm dick)
150 g Blutwurst (im Naturdarm)
1 große Zwiebel
3 EL Mehl
100 ml Öl
1 rotschaliger Apfel

Backofen auf 200°C vorheizen. Die Baguettescheiben auf ein Backblech legen.
Blutwurst in 0,5 cm dicke Scheiben schneiden und je 3 auf eine Brotscheibe legen. Im Ofen (Gas Stufe 3, Umluft 180°C) 15 Minuten backen.
In der Zwischenzeit die Zwiebel schälen, in dünne Ringe schneiden und in dem Mehl wenden.
Das Öl in einem kleinen Topf erhitzen und die Zwiebeln darin goldbraun ausbacken. Mit einer Gabel aus dem Öl holen und auf Küchenpapier abtropfen lassen.
Den Apfel waschen und abtrocknen. Mit einem scharfen Messer 12 schmale Schnitze herausschneiden. Kerngehäuse entfernen.
Die Crostini aus dem Ofen nehmen und auf Teller verteilen. Je 2 Apfelscheiben darauflegen und die Zwiebelringe darauf verteilen.

Kürbis-Parmesan-Muffins

7 Portionen | gut vorzubereiten

7 Papier-Muffinförmchen
2 Eier
100 ml Olivenöl
100 ml Kefir oder Milch
75 g Mehl
1 TL Oregano
1 Msp. Muskatpulver
1 Msp. Pfeffer
2 Msp. Salz
1 TL Backpulver
50 grob geraspelter Kürbis, z.B. Hokkaido (ersatzweise Karotten)
50 g grob geriebener Parmesan
1 EL grob gehackte Walnüsse

Den Backofen auf 200°C vorheizen. Die Muffinförmchen in die Mulden des Muffin-Bleches setzen. Das Ei mit dem Handrührer in einer Rührschüssel schaumig schlagen. Das Öl und den Kefir zugeben. Das Mehl mit dem Muskat, dem Pfeffer, dem Salz und dem Backpulver zugeben und rasch unterrühren. Die Kürbisraspeln, den geriebenen Parmesan und die gehackten Walnüsse dazugeben und gründlich unterheben. Den Teig in die Förmchen füllen und im Ofen (Gas Stufe 3, Umluft 180°C) 20–25 Minuten backen.

TIPP: So machen Sie daraus ein Party-Brot: Stellen Sie die doppelte Teigmenge her und füllen Sie diese in eine gut gefettete und mit Paniermehl ausgestreute kleine Kastenform (ca. 20 cm Länge). Die Backzeit beträgt dann 35–40 Minuten.

Tapas

... mit Zucker

Feigen werden in Bierteig ausgebacken und in Zimtzucker gewälzt, die Rieslingsabayon macht das Vergnügen perfekt.

Gebackene Feigen mit Rieslingschaum

6 Portionen | schmecken heiß am besten

Für den Bierteig:
3 Eier
1 Prise Salz
½ l Bier
250 g Mehl

Für den Zimt-Zucker:
100 g Zucker
1 Msp. Zimt

Für den Rieslingschaum:
4 Eigelb
2 EL Zucker
500 ml Riesling

Außerdem: 12 Feigen, 3 EL Mehl, 250 ml Öl

Für den Bierteig die Eier trennen. Eiweiß steif schlagen. Eigelb mit Salz und Bier in einer Rührschüssel verquirlen und löffelweise das Mehl unterschlagen. Eischnee unterheben.
Den Zucker mit dem Zimt in einer kleinen Schüssel vermischen.
Für den Rieslingschaum die Zutaten in eine Metallschüssel geben und im heißen Wasserbad mit dem Schneebesen so lange schlagen, bis die Masse schaumig ist.
Die Feigen unterhalb des Stiels rundherum leicht einschneiden und die Haut abziehen.
Öl in einem kleinen hohen Topf erhitzen.
Das Mehl in eine kleine Schüssel geben und die Feigen darin wenden. Anschließend am Stiel fassen und in den Bierteig tauchen, bis sie rundherum damit bedeckt sind. Feigen in dem heißen Fett nacheinander goldbraun ausbacken. Nicht zu dunkel werden lassen, sonst wird der Teig bitter. Aus dem Fett nehmen und sofort im Zimt-Zucker wälzen. Den übrigen Teig löffelweise in das heiße Fett geben und ebenfalls ausbacken. Auch in Zimt-Zucker wälzen.

TIPP: Die gebackenen Feigen passen auch wunderbar zu Vanilleeis.
TIPP: Das Öl durch ein feines Sieb gießen und zum Kochen verwenden.

Heiße Pfirsiche aus dem Backofen, gefüllt mit aromatischer Makronenmasse, dazu zart schmelzendes Eis – obergöttlich!

Überbackene Weinbergpfirsiche

8 Portionen | gut vorzubereiten

4 große reife (Weinberg-) Pfirsiche
50 g Löffelbiskuits
50 g weiche Butter
1 EL brauner Zucker
3 EL Amaretto
1 TL Öl
8 abgezogene ganze Mandeln oder halbe Walnüsse
Puderzucker
Walnusseis oder gebranntes Mandeleis

Die Pfirsiche kurz mit kochendem Wasser überbrühen und die Schale abziehen. Früchte halbieren und den Kern entfernen.
Die Löffelbiskuits in einen Gefrierbeutel geben und mithilfe des Fleischklopfers zerbröseln.
Die Butter mit dem braunen Zucker cremig schlagen. Die Biskuitbrösel und den Amaretto dazugeben und mit einer Gabel gut vermengen.
Den Backofen auf 200°C vorheizen. Eine Auflaufform mit Öl auspinseln.
Die Mandelmasse großzügig in die Pfirsichhälften füllen und in die Auflaufform setzen. Je eine Mandel oder halbe Walnuss daraufsetzen.
Im Backofen (Gas Stufe 3, Umluft 180°C) etwa 15–20 Minuten backen, bis die Bröselmasse knusprig braun ist. Herausnehmen und mit Puderzucker bestäuben. Zu jeder Pfirsichhälfte eine Kugel Eis servieren.

TIPP 1: Gerade keine Pfirsichzeit? Dann kann man auch Pfirsiche aus der Dose verwenden.
TIPP 2: Ein bisschen Schlagsahne kann nicht schaden ...

Kastaniencreme auf Dornfelderkirschen (= Keschdecrem uff Dornfelderkersche)

8–10 Portionen | gut vorzubereiten

Für die Dornfelderkirschen:
1 Glas Sauerkirschen (350 g Abtropfgewicht)
250 ml Kirschsud
250 ml Dornfelder halbtrocken
2 Päckchen Tortenguss rot
4 EL Zucker

Für die Kastaniencreme:
300 g geschälte ungekochte Esskastanien/Maronen
125 ml Milch
½ Vanillestange
50 g Puderzucker
150 g Sahne

Für die Dornfelderkirschen die Kirschen abgießen. 10 Kirschen für die Deko beiseitestellen. 250 ml Kirschsud abmessen. Zusammen mit dem Dornfelder, dem Tortenguss und dem Zucker nach Packungsanleitung einen Guss herstellen. Die Kirschen unterheben und die Masse auf Gläser verteilen. Im Kühlschrank fest werden lassen.
Die Kastanien für die Creme in einen mittelgroßen Topf geben. Die Milch zugeben. Die Vanilleschote der Länge nach aufschneiden, das Mark herauskratzen und beides zu der Milch geben. Bei mittlerer Hitze ca. 45 Minuten kochen. Die Milch sollte fast aufgesaugt sein und die Kastanien zerfallen. Die Vanilleschote herausnehmen. Masse in eine hohe Rührschüssel (z. B. Sahneschüssel) umfüllen. Den Puderzucker und die Sahne zugeben und alles pürieren, bis eine cremige Masse entstanden ist. Mit einem Löffel die Kastaniencreme auf die Dornfelderkirschen geben und jeweils eine Kirsche daraufsetzen.

Wenn Sie es richtig schön fruchtig mögen, ist dieser Nachtisch genau das Richtige!

Gewürztraminer-Apfelgelee mit Mandelsahne

4 Portionen | gut vorzubereiten

Für das Apfelgelee:
1 großer rotschaliger Apfel
3 EL Zitronensaft
250 ml Gewürztraminer
1 Tortenguss klar
2 EL Zucker

Für die Mandelsahne:
50 g Mandelblättchen
200 ml Sahne
1 Päckchen Vanillezucker

Für das Gelee den Apfel gründlich waschen und abtrocknen. In Viertel schneiden, das Kerngehäuse entfernen und mit Schale grob raspeln. Mit dem Zitronensaft beträufeln.
Aus dem Gewürztraminer, dem Tortenguss und dem Zucker nach Packungsanleitung einen Guss herstellen. Die Apfelraspeln unterheben und auf Gläser verteilen. Im Kühlschrank fest werden lassen.
Die Mandelblättchen ohne Zugabe von Fett in eine Pfanne geben. Bei mittlerer Temperatur unter Rühren leicht anrösten. Vom Herd nehmen und 2 EL davon für die Deko beiseitestellen.
Die Sahne mit dem Vanillezucker steif schlagen. Mandelblättchen unterheben und mit einem Esslöffel Sahnehäubchen auf das Apfelgelee setzen. Mit den restlichen gerösteten Mandeln bestreuen.

TIPP: Schmeckt natürlich auch mit Birnen!

Muskatellercreme mit buntem Obstsalat

8–10 Portionen | gut vorzubereiten

Für die Muskatellercreme:
6 Blatt Gelatine
250 ml Muskateller halbtrocken
2 Eier
80 g Zucker
200 ml Sahne

Für den Obstsalat:
200 g kernlose weiße Trauben
1 Mandarine
Saft von 1 halben Mandarine (oder Limone)
50 g gehackte Walnüsse
1 Päckchen Vanillezucker
1 EL Grand Marnier

Für die Creme die Gelatine in kaltem Wasser einweichen. 3 Esslöffel Muskateller in einem kleinen Topf leicht erwärmen. Die Eier mit dem Zucker dick-cremig schlagen und den Wein unterrühren. Gelatine ausdrücken, in dem warmen Wein unter Rühren auflösen und unter die Eimasse schlagen. Rührschüssel 10–15 Minuten in den Kühlschrank stellen, bis die Masse beginnt, an den Rändern fest zu werden.
Sahne steif schlagen und mit einem Schneebesen unter die Creme heben. In Sherrygläser füllen und im Kühlschrank fest werden lassen.
Für den Obstsalat die Trauben waschen, von den Rispen zupfen und halbieren. Mandarine schälen und teilen, die halbe Mandarine auspressen. Alle Zutaten in einer Schüssel gut mischen und eine Stunde durchziehen lassen. In kleine Gläser oder Schalen füllen und zu der Muskatellercreme reichen.

TIPP 1: Im Herbst mischt man den bunten Obstsalat aus blauen und weißen Trauben.
TIPP 2: Die Creme schmeckt auch super, wenn man statt des Muskatellers Spätburgunder nimmt.

Herbsüße Vitamin C-Bombe kommt unter die Haube, unter die Vanillehaube ...

Holunderpudding mit Vanillesoße

Für 6 Portionen | gut vorzubereiten

Für den Holunderpudding:
1 Päckchen Vanillepuddingpulver
500 ml Holundersaft
2–3 EL Zucker (nur bei ungesüßtem Saft)

Für die Vanillesoße:
1 Päckchen Vanillesoßenpulver
450 ml Milch
2 EL Zucker

Puddingpulver mit etwas Holundersaft glatt rühren. Den restlichen Saft mit dem Zucker in einem Topf zum Kochen bringen. Das angerührte Puddingpulver zugeben und unter Rühren aufkochen lassen.
Den Pudding in kleine Gläser füllen und vollständig abkühlen lassen.
Für die Vanillesoße das Soßenpulver mit etwas Milch glatt rühren. Restliche Milch mit dem Zucker in einem Topf zum Kochen bringen. Das angerührte Soßenpulver zugeben und unter Rühren aufkochen lassen. Unter mehrmaligem Umrühren abkühlen lassen und vor dem Servieren auf dem Holunderpudding verteilen.

Inverness

Eigentlich gehören in den Original-Quarkberg Mandelsplitter – was aber kein Hinderungsgrund sein soll, es mal mit Walnüssen zu probieren! Und den Rum haben wir gegen Whisky-Sahne-Likör eingetauscht – ein wirklich leckerer Tausch.

Pfälzer Quarkberg im Glas

ca. 10 Portionen | gut vorzubereiten

100 g gehackte Walnüsse
200 g Sahne
1 Päckchen Vanillezucker
500 g Quark
100 g Zucker
ca. 250 ml Whisky-Sahne-Likör
150–200 g Löffelbiskuits
10 Walnusshälften

Die gehackten Walnüsse in eine kleine Pfanne geben und ohne Fettzugabe unter Rühren leicht anrösten. Die Sahne mit dem Vanillezucker steif schlagen. Den Quark mit dem Zucker glatt rühren, die gerösteten Walnüsse untermischen und die geschlagene Sahne unterheben.
Den Whisky-Sahne-Likör in eine kleine Schüssel geben. Die Löffelbiskuits in nicht zu kleine Stücke zerbrechen, portionsweise kurz in dem Likör wenden und als erste Schicht in die Dessertgläser geben. Mit Quarkmasse bedecken. Eine weitere Schicht likörgetränkte Biskuitstücke daraufgeben. Mit Quarkmasse bedecken.
Auf jedes Glas eine Walnusshälfte setzen und im Kühlschrank durchziehen lassen.

TIPP: Den Pfälzer Quarkberg kann man natürlich auch in einer Schüssel oder Auflaufform schichten und dann mit einem Löffel abstechen.

Der spanischen Mandeltorte nachempfunden: saftige Muffins mit Mandeln und viel Zitrone – traumhaft!

Muffins de Almendra

ca. 8 Portionen | gut vorzubereiten

Für die Muffins:
2 Eier
125 g Zucker
100 ml Öl
100 ml Zitronensaft
150 g Mehl
100 g gemahlene Mandeln
abgeriebene Schale von ½ Zitrone
½ Päckchen Backpulver

Zum Tränken: 5 EL Zitronensaft, 3 EL Zucker
Puderzucker, 2 Zitronenscheiben

Backofen auf 200°C vorheizen. Papier-Muffinförmchen in die Mulden des Muffinbleches setzen.
Für den Teig die Eier mit dem Zucker dick-cremig schlagen. Das Öl und den Zitronensaft untermischen. Das Mehl mit den Mandeln, der Zitronenschale und dem Backpulver rasch unterrühren. In die Förmchen füllen und im Ofen (Gas Stufe 3, Umluft 180°C) 15–20 Minuten backen.
In der Zwischenzeit den Zitronensaft mit dem Zucker in einen kleinen Topf geben und unter Rühren erhitzen, bis sich der Zucker aufgelöst hat. Etwas einköcheln lassen. Den Zitronensirup mit einem Pinsel mehrmals auf die noch warmen Muffins streichen. Abkühlen lassen.
Vor dem Servieren dick mit Puderzucker bestäuben. Die Zitronenscheiben vierteln und auf jeden Muffin ein Stück legen.

Früher ein Arme-Leute-Essen – heute taugt dieser Kirsch-Brot-Auflauf, Pfälzisch: Kerscheplotzer, auch als feines Dessert!

Kerscheplotzer-Würfel

10 Portionen | gut vorzubereiten

1 Glas Sauerkirschen (350 g Abtropfgewicht)
4 Brötchen vom Vortag
250 ml Milch
40 g Butter
abgeriebene Schale von 1 Zitrone
2 Eier
40 g Zucker
50 g gehackte Mandeln
1 Msp. Zimt
Puderzucker

Die Kirschen abgießen und gut abtropfen lassen. Die Brötchen in 1 cm dicke Scheiben schneiden und in eine große Schüssel geben. Die Milch mit der Butter erwärmen und über die Brotscheiben gießen. Zitronenschale darüberreiben.

Backofen auf 200°C vorheizen. Eine eckige Auflaufform (ca. 25 x 25 cm) mit Backpapier so auslegen, dass das Papier an zwei Seiten übersteht.

Die Eier mit dem Zucker dick-cremig schlagen und zusammen mit den gehackten Mandeln und den Kirschen zu den Brotscheiben geben. Alles gut durchmischen, in die Auflaufform geben und glatt streichen. Im Ofen (Gas Stufe 3, Umluft 180°C) 35–40 Minuten backen.

Kurz abkühlen lassen und dann mithilfe des Backpapieres aus der Form heben. In 4 x 4 cm große Stücke schneiden und dick mit Puderzucker übersieben. Je zwei Würfel in kleinen Schalen anrichten. Schmeckt warm und kalt. Dazu passt Vanillesoße.

TIPP: Schmeckt mit Vollkorn- oder Roggenbrötchen noch einen Tick herzhafter!

Register

Falls Sie sich bei der Auswahl eines Rezeptes eher an den Zutaten orientieren: Einige häufig gebrauchte Zutaten haben wir ebenfalls alphabetisch geordnet und hervorgehoben und nachfolgend die Seitenzahlen der Rezepte angegeben.

Gina Greifenstein

ist gebürtige Unterfränkin. Vor über 20 Jahren ist sie jedoch in der Pfalz gestrandet – in der Südpfalz, um genau zu sein. Dort lebt und arbeitet sie als freie Autorin.

Ihre Ausbildung zur Hauswirtschafterin war der Grundstein für das, was sie heute macht: Kochbücher schreiben. Bisher bei uns erschienen:
Noch mehr Pfälzer Tapas, Pfälzer Kartoffelbuch und (zusammen mit Herbert Michel) *Lust auf Blutwurst*.

Gina Greifenstein ist aber auch Krimi-Autorin – jede Menge Kurzkrimis und inzwischen sieben Romane (darunter die Pfalz-Krimi-Reihe um Kommissarin Paula Stern) stammen aus ihrer Feder.
Sie ist jederzeit buchbar – für Lesungen, Buchvorstellungen, Koch- und Backkurse oder Koch- und Backvorführungen, egal ob Tapas oder Plätzchen.

Mehr unter: www.gina-greifenstein.de